AF450338

ADVERTISSEMENT

Pieux & tref vtile,

Des Freres de la Rofee-Croix :

A fçauoir,
{
S'il y en a ?
Quels ils font ?
D'où ils ont prins ce nom ?
Et à quelle fin ils ont efpandu leur renommée ?
}

Efcrit, & mis en lumiere pour le bien public.

Par Henry Neuhous de Dantzic, Maiftre en Medecine & Philofophie. P. en Nörbifch. H.

A PARIS,

Et fe vendent au Palais.

M. DC. XXIII.

AV LECTEVR
Curieux : Salut.

V n'ignores point (Amy Lecteur) que depuis quelques mois ont esté veuz affigez plusieurs placards ez quarrefours & places publiques de la ville de Paris, en ces mots. *Nous deputez de nostre College principal des Freres de la Roze-Croix, faisans sejour Visible & Inuisible en ceste ville par la grace du Tres-hault, vers lequel se tourne le cœur des Iustes, Nous enseignons sans liures ny marques, & parlons les langues des pays ou nous voulons estre, pour tirer les hommes à nous semblables d'erreur & de mort.* Ce cartel m'ayant esté communiqué, ie confesse qu'à l'instant ie receus vn grand trouble en mon esprit, au ressouuenir de l'aduertissement que nostre Seigneur nous a donné par sa bouche des signes qui doiuét preceder son dernier aduenement : Et aussi tost me reuindrent en memoire les mal-heurs tous recens de nos guerres ciuiles, dans lesquelles tous les principaux autheurs d'icelles ont esté ensepueliz, les embrasements prodigieux aduenuz en cette ville de Paris & autres endroicts de la

A

France, vrais effects de la Comete precedente,
suiuis de la Contagion pestilentieuse presque
vniuerselle, menace encor d'vne famine par
l'extreme cherté des viures & autres sortes de
denrées; Et qu'au lieu de nous humilier deuant
Dieu & le seruir selon ses commandemens, pa-
roissent vne infinité de nouuelles gens, les vns
desquels souz pretexte, de ie ne sçay quelle re-
forme, conuertissent l'ancienne religion de nos
Peres en vn certain cult exterieur, auquel ils attachent entierement nostre salut: Les autres qui
par vne extreme impieté ont contraint les Ma-
gistrats d'vzer du glaiue que DIEV leur a mis en
main pour venger l'iniure faicte à DIEV & à ses
saincts bié-heureux, àla terreur de ceux qui des-
ja par vn desir de viure licentieusement se lais-
soient emporter àl'Atheisme. En mesme téps on
nous a apporté d'Espagne les nouuelles d'vne
secte Epicurienne de gens qui neantmoins se
qualifient, Los Alombrados, ou Illuminez, que
la Sacrosaincte Inquisition a bien de la peine
d'exterminer. Puis d'vne mesme volee se font
mis sur le tapis ces Freres de la Rozee-Croix,
que l'on dit estre venus d'Allemagne : Et d'autant qu'en l'incertitude de leur origne, & de leur
qualité, chacun s'est donné la liberté d'en dif-
courir, pour donner contentement à ta curiosi-
té, ie te diray ce que possible en partie tu sçais
mieux que moy, & si ie ne l'ay bien retenu, tu
me pourras benignement redresser. Quelques
vns disent que ces freres de la Rozee-Croix ont
trois Colleges, l'vn aux Indes en vne Isle touf-

iours flottante fur la Mer, vn autre en Canada, & le troifiefme en la ville de Paris, en certains lieux foufterrains, Item qu'ils fe rendent vifibles & Inuifibles quand bon leur femble, qu'ils promettent monts & merueilles à ceux qu'ils defirent attirer à leur cordelle, or & argent, honneurs, richeffes, fciences, & toutes autres chofes que l'on fçauroit defirer. Que ces belles efperances ont fait ouurir les oreilles à plufieurs perfonnes de qualité felon que chacun eft dominé par fa paffió. Ce qu'ayans defcouuert (comme ils font profeffion de deuiner toutes chofes fans Magie) aucuns d'eux, felon le commun bruict, fe font apparuz à vn Aduocat qui faifoit des efcritures pour vne de fes parties, mais eftát furuenu quelqu'vn qui auoit affaire à luy, apres luy auoir dit qu'ils reuiendroient vne autre fois, foudain ils difparurent; Ce que l'Aduocat ayant raconté à vn fien amy, quelques iours apres, on dit que ces freres s'apparurent derechef à luy dans le Faux-bourg de Sainct Germain, & luy reprocherent qu'il n'auoit peu garder le fecret, qui eft le premier principe de leur fecte, & qu'onques depuis il ne les a reueu On adioufte que depuis ils fe font apparuz à vn certain Veau d'or infatiable, auquel ils firent des promeffes fi aduantageufes felon fon humeur, que s'ils les euffent peu executer, il auoit occafion de fe cótenter, pourueu que d'entree & pour eftre immatriculé en leur focieté, il leur donnaft vne fomme de deniers qu'ils demandoient mais cela ne reüiffit point, d'autant que ces grands deui-

neurs n'auoient pas bien deuiné qu'ils s'estoient
adressé à vn homme qui est accoustumé de pre-
dre tout & ne rien donner, qui moissonne où il
n'a rien semé, ou s'il seme vn grain, c'est auec as-
seurance d'en receuoir le centuple. En apres
on raconte qu'ils se sont apparuz à vn Gentil-
homme aussi curieux, mais qui n'estoit pas si fin
que les precedens, duquel ils ont tiré sous leurs
belles promesses deux cens pistolles: Or ce Gen-
tilhomme a asseuré par tout qu'il les auoit veuz,
& que depuis ils estoient deuenus inuisibles. Il se
fait vne infinité de comptes semblables de ces
pretendus freres, dequoy m'estant voulu soi-
gneusement enquerir, i'ay trouué que tout ce
qu'õ disoit n'estoit que chimeries en l'air, sinon
que ce Gentil-hõme en s'interpretãt, disoit qu'a-
pres auoir baillé ses pistolles, il n'auoit onques
depuis reueu ses gens & pour son regard estoiét
deuenuz inuisibles. Mais comme i'estois en re-
solution de n'en plus rien croire, & me pour-
menant vn iour par les boutiques des Libraires,
m'est tombé en main vn Discours imprimé en
Allemagne *apud Joannem Schmidlinum Bibliopo-*
lam anno 1622. *in.* 8. Intitulé, *Pia & vtilißima*
admonitio de fratribus Rosea-Crucis, nimirum: An
sint? Vnde nomen illud sibi asciuerint? Et quo fine
eiusmodi famam sparserint? conscripta & publicæ
vtilitatis causa in lucem emissa, ab Henrico Nenhusio
Danisscano, Medicinæ & Philosophiæ Magistro P. In
Morbisch H. Iugez si ie fus rauy de ceste rencontre. Et de fait m'en allant aux champs en la sai-
son des vendages, ie l'emportay auec moy, &

par fortune ayant esté visité de plusieurs hon-
nestes gens, vn iour entr'autres discours l'on
tomba sur la nouuelle de ces freres de la Rozee-
Croix, & lors chacun en discourut à plaisir selon les comptes à perte de veuë qu'on leur en
auoit fait à Paris. Moy qui auois tousiours gar-
dé le silence, voyant que chacun en auoit dit
tout ce qu'ils en sçauoit, ie leurs dis : Vous n'en
parlez tous que par oüy dire, mais ie vous en
veux parler par liures, & incontinant ie leur fis
vn recit sommaire de tout ce que i'auois appris
dans mon liure lequel i'auois en main. A quoy
la compagnie non seulement prist grand plaisir,
mais la pluspart des assistans qui ont employé
leur aage à des exercices plus lucratifs que n'est
à present la langue Latine, me prierent & con-
iurerent de leur traduire ce petit liuret en la langue Françoise, & quant & quant m'obligerent
à ce faire, quoy que i'essayasse le plus qu'il m'e-
stoit possible à m'en excuser, pour plusieurs raisons. Et premierement parce que ma professió
a tousiours esté de manier les armes plus que les
liures, & que mon esprit s'esgayeroit plustost à
la composition de quelque nouuel ouurage selon son humeur, que de s'asseruir à la traductió
forcee des conceptions d'autruy. D'ailleurs le
stile de ce liure en quelques endroits est si rude,
si grossier & si obscur, qu'il faut que ie confesse
n'auoir pas en plusieurs endroits bien entendu
le sens de l'Autheur, soit qu'il aye parlé Allemand en Latin, ou qu'il soit naturellement obscur en ses parolles, & qu'il sente mieux qu'il ne

ſe peut exprimer, ſoit qu'il aye induſtrieuſemēt
affecté l'obſcurité, ou en ſes obiections bien
ſouuent aſſez debile, ou aux ſolutions pareille-
ment aſſez foibles pour parer aux obiections
que luy meſmes a prepareés. Qui a eſté cauſe que
pour laiſſer à chacū la liberté de ſon iugemēt, ie
me ſuis cōtenté en ces occurrences de traduire
en François la phraſe Latine mot pour mot.
Ioinct que l'Autheur meſme en beaucoup de
lieux en mettāt des lettres capitales par luy ſeul
entenduës, ſ'eſt reſerué à luy ſeul l'intelligence
de ſon diſcours. Adiouſtez le grandnombre des
fautes ſuruenuës en l'impreſſion, vice qui n'eſt
que trop commun aujourd'huy, & qui merite-
roit vne bonne cenſure, ſi les gens auſquels eſt
donnee la ſuperintendance des Vniuerſitez a-
uoient tant ſoit peu l'hōneur des lettres en recō
mendation. Toutes leſquelles choſes eſtoient
ſuffiſantes pour me deſtourner de la peine de
ceſte traduction, n'eſtoit que ma foy y eſtoit en-
gagee, & que le deſir que i'ay touſiours eu de
ſeruir le public a paſſé pardeſſus toutes autres
conſideratiōs. Quoy que ce ſoit, Amy Lecteur,
ie te le preſente de bon cœur : S'il t'aggrée, i'auray obtenu la fin de mon deſir, ſinon au moins
ayant eu bonne volonté de te contenter, ne ſe-
ray-je à blaſmer de la peine que i'ay priſe, ny
trop à plaindre du peu de temps que i'auray perdu en ceſte ſaiſon de vendanges à te compter
des nouuelles d'Allemagne, & à te faire cognoiſtre ceux que l'on tient à Paris pour Inuiſibles.
Adieu

PREFACE DE L'AVTHEVR.

Onsiderant que le bruit se ré-
pand par tout des freres de la
Rozée-Croix, iusques là que
plusieurs sont en doute de ce qu'ils en doiuent certainement penser, i'ay estimé estre
à propos pour le bien public d'en dire quelque chose, afin qu'à l'aduenir les plus simples d'autant plus facilement puissent cognoistre & examiner ceste affaire. Or afin
que ceste matiere soit traictée distincte-
ment, tout ce dont il s'agist peut estre reduict
en quatre chefs principaux, à sçauoir.

1. S'il y a des freres de la Rozée-Croix?
2. Quels ils sont?
3. D'où ils ont pris ce nom?
4. A qu'elle fin ils ont espandu leur
renommée?

   Il nous faut donc particulierement trai-
cter chacun de ces poincts.

A

I. S'il y a des freres de la Rozèe-Croix.

L'opinion negatiue.

ON pourroit dire , par les fondemens qui enſuiuent, que cette ſorte d'hommes ne ſe rencontre point en la nature.

1. Car encore qu'il y ait quelque bruit reſpandu d'eux : neantmoins ce n'eſt qu'vn bruit ſourd & fort couuert ; non ſeulement par ce qu'on ne ſçauroit amener pour teſmoin aucune perſonne digne de foy, mais auſſi, par ce que le bruit n'a point de certain Autheur. Or il eſt vray qu'on adiouſte point tant de foy à la renommée, qu'aux autheurs d'icelle : ou bien la renommée doit eſtre examinée par la qualité de ceux qui en ſont les autheurs, comme ſçauent trop mieux ceux qui ſont employez aux iugemens des cauſes criminelles, pourueu qu'ils ſe reſſouuiennent comment le plus ſouuent on eſt trompé par vn commun bruict. Et quand bien on ameneroit des teſmoins gens dignes de foy, neantmoins on les pourroit touſiours reprocher & leur obiecter qu'ils ne depoſent que de ce qu'ils ont ouy dire. Qu'on voye donc ſi la conſequence eſt

bonne : Ie l'ay ouy dire, il eſt donc vray. Et combien qu'il y euſt mille perſonnes qui diſſent auoir ouy parler de ces gens là, ou auoir veu des lettres qu'on leur auoit eſcrites, toutesfois la choſe demeure touſiours en doute. Car ils ne pourront pas rendre teſmoignage de telle ſorte d'hommes, de leur eſtat, qualité & condition, & s'il y a quelques autres circonſtances à poizer. Quoy donc? Ce ſeront des teſmoins (comme l'on dict) *ſecundum quid*. Afin de ne dire que iuſques à preſent, il ne s'eſt point trouué d'homme docte & renómé, qui ait ozé riẽ eſcrire de ceſte Societé.

2. On pourroit encore dire, qu'il n'y à point de ces gens la au monde ? Par ce qu'il n'y à point de certain lieu ou ils facent leur demeure & habitation. Or ſi ce ſont des hommes, il faut neceſſairement qu'ils ſubſiſtent en quelque lieu.

3. Vn autre raiſon, pour dire qu'il n'y en à point, eſt que non ſeulement iuſques auiourd'huy il ne s'eſt trouué perſonne qui ait ouuertemẽt & publiquement declaré ſon nom en ceſte diſcipline (s'il faut ainſi l'appeller:) mais pluſtoſt ils changent leurs noms, & s'en donnẽt des noms, & ainſi les tranſpoſent: afin que par ce moyen ils iettent vn ſcrupule en l'eſprit des plus ſimples.

4. Adiouftez pour monftrer que ces gens
la ne font point, qu'ils déguifent leurs aages
& leurs années, qu'ils entendent des ans lunai-
res ou des mois : tellement qu'il peut aduenir
qu'vn homme foit à leur compte aagé de fept
ou huiét cens ans, qui toutesfois, bien que dé-
ja vieil, n'aura pas attaint le temps prefix de
la vie de l'homme.

5. Bref pour faire croire qu'il n'y en a point,
on peut dire qu'ils viennent fans fe faire co-
gnoiftre, & auec vne certaine crainte, combien que l'affaire de laquelle ils fe meflent re-
quiert des gens forts & de grand courage.
Tellement que le contraire fe trouuant en
eux, on peut dire au vray qu'il n'y a point
de ces gens là, ou s'il y en a, qu'ils fe deffient
de leur caufe. Et par ce moyen, fi tout ce qui
fera diét cy apres d'eux, ne fe peut attribuer à
chacun d'eux en particulier, par ce qui fera
recité quand nous parlerons de leur religion,
du moins fe pourra il adapter au general. Ce
qui fera remarqué pour quelque precaution
en cet Aduertiffement.

L'opinion affirmatiue.

Nonobftant tout ce que deffus, il femble
plus veritable qu'il y ait de ces gens là :

Ce qui peut estre prouué par diuerses raisons.
1. Car nul ne sçauroit combatre la renommée de leur estre, qui aura veu l'affluence des
hommes incognus arriuez à Francfort chez
B. qui ont apporté & r'emporté des lettres:
mesmes qui ont par fois apporté de l'argent:
& qui est plus esmerueillable, en vn temps, &
pour vn subject, ou autrement il n'en estoit
pas de besoin. Laquelle particularité sera çy
apres declarée. Pour le moins on peut recueillir de cela, qu'ils sõt quelque chose, & ne
peut on nyer qu'il n'y en ait qui ont enuoyé
cet argent, & qui l'ayent voulu perdre principalement au tẽps que nous voyons àpresent.
2. A ce propos faict le commun Prouerbe
des Allemans, qui disent, *Il vaut mieux estre
recherché de ces messieurs que les rechercher.
Que si les bruicts ne sont pas du tout vray, aussi
ne sont pas du tout faux.*
3. On peut aussi pour la preuue de ceste affirmatiue repeter les raisons cy dessus alleguees
au nombre 3. 4. & 5. Car en ce qu'ils changent & transposent leurs noms, en ce qu'ils
desguisent leurs années, en ce que, par leur
confession mesme, ils viennent sans se faire
cognoistre, il n'y a Logicien qui puisse nyer
que necessairement il faut qu'ils soient en
nature.

Aduertiſſement.

Voyez l'aduis qui ſera cy deſſous donné au chapitre ſuiuant.

II.   Quels ils ſont.

EN ce lieu pour l'abondance de la matiere, il ne ſera poinct mal à propos de faire vne ſubdiuiſion, & premierement parler de leurs eſtudes ; en apres de leurs richeſſes ; en troiſieſme lieu de leurs peregrinations ; en quatrieſme lieu de leur religion : & finalement quelles gens ils prennent pour leurs compagnons, &c.

I.   De leurs Eſtudes.

L'opinion negatiue.

ON pourroit dire que ces freres n'eſtudient point, par ce qu'ils prennent plaiſir à beaucoup voyager, comme ceux meſme qui ſe diſent de la Societé en demeurent d'accord expreſſement, & meſme celuy qui depuis peu de temps a ſouſcrit ſon nõ B.M.I. Or ce verſet eſt vulgaire tiré des entrailles de la nature humaine, qui dit :

Pluribus intentus minor eſt ad ſingula ſenſus.

Voire à ce mesme sens peut on r'apporter
cet ancien verset :

Non fit hirsutus lapis hinc & inde volutus.

2. On pourroit aussi nier qu'ils s'adonassent
aux sciences liberales, par ce que selon le Poëte Ouide.

Carmina secessum scribentis, & otia quærunt.

A ceste fin les anciens ont dit *HOC AGE:*
pour faire entendre, que personne ne doit
quitter ny se distraire de ses propres affaires
pour ce mesler de celle d'autruy. Or ces compagnons selon la publication qu'ils en ont fai-
te se meslent de beaucoup de choses, & ont
grand soin des affaires d'autruy. Et à ceste fin
pour descouurir toutes choses, il y a apparence & approche de la verité qu'ils entreprennent tant de voyages & peregrinations.

3. Les Estudes ne s'acquierent que par grandes veilles & trauaux, selon le dire du Poëte.

Multa tulit, fecitque puer, sudauit & alsit.

Mais ces gens cy ne peuuent pas employer
beaucoup de temps à apprendre les sciences,
par ce qu'ils n'ont pas la commodité de de-
meurer long temps en vn certain lieu. Car selon leur profession ils craignent les Catholiques Romains : & n'y a rien qui resiste a cela,
sinon qu'ils ont soing d'espandre leur renommée clandestinement, & par personnes inter-

poſees. Ce qui toutesfois ne ſemble pas eſtre
practiqué, s'ils auoient crainte de ceux auſquels ils ſe donnent à cognoiſtre par leurs eſcrits : mais ce doubte s'eſclaircira par ce qui
enſuit.

4. D'ailleurs il ne ſemble pas que ces gens
prennent grand peine de s'eſtudier aux Arts
liberaux, veu qu'ils enſeignent & s'adonnent
grandement à l'Alchimie, & à la maniere de
faire l'or, voire à l'or meſme : Or de ceux qui
prennent plaiſir & s'occupent à l'eſtude, Se-
necque dit, ou qu'ils ſont pauures, ou qu'ils le
deuiennēt: & ce afin de n'eſtre point diſtraicts
de leurs penſees & Meditations. Et certainement nous voyons que les plus doctes, & les
plus grands Philoſophes ont eſté ſi ententifs à
leurs eſtudes qu'ils ont du tout meſpriſé l'or.
Auſſi le naturel de tous les hommes eſt tel,
que ceux qui ſont les plus releuez ne peuuent
en vn meſme temps vacquer à l'eſtude des
bonnes lettres, & à amaſſer des richeſſes. Pour
laquelle conſideration & afin que le peuple
ne fut diuerty des plus honneſtes exercices,
anciennement les Legiſlateurs ont banny l'v-
ſage de l'or & de l'argent, par ce que l'amour
da l'argent & de l'honneſteté ne peuuent cō-
patir enſemble. Auquel ſens (pour le mieux
expliquer) l'Eſcriture Saincte dit, qu'on ne

ſçauroit

sçauroit seruir à Dieu & à Mammon.

5. Apres, on peut dire que ces freres n'estudient point, parce qu'en tous leurs escrits
ils parlent obscurement. Or l'obscurité est
vne marque ou d'ignorance & imperitie, ou
d'enuie. Si doncques ils aymoient l'estude, &
desiroient seruir au public par le moyen des
lettres, sans doute ils se feroient entendre, &
vseroient de mots intelligibles & receus par
l'vsage. Ce que ne faisans point, on n'en sçauroit induire que le contraire.

6. Sert à ceste opinion negatiue, que (comme il sera monstré cy apres) ces compagnons
se vantent de sçauoir presque toutes choses.
Or tout ainsi qu'on dict que celuy qui habite
par tout, n'habite en aucun lieu, pourueu qu'il
se recognoisse estre homme, ainsi est de celuy qui desire tant sçauoir. Et de là vient aussi
ce qu'on dit, De chasque chose vn peu, & de
tout rien. A quoy se r'apporte le Prouerbe
Allemand: *Il ne se dit rien qu'il n'en soit quel-*
que chose, d'autant qu'il ne peut tomber en
la perfection de la nature humaine, qu'vn seul
& mesme homme puisse tout faire: tout ainsi
que l'Empereur Iustinian attribuë la memoire de toutes choses à la diuinité, & en les loix
ciuiles dit que les mortels en sont incapables.

7. On ne peut croire qu'ils estudient, par ce

qu'entre eux il n'y a aucun ſalaire propoſé pour les eſtudes, nul acte de leur promotion. Or le naturel des hommes eſtant tel, qu'ils ſont attirez à l'eſtude par les honneurs & recompenſes, (à ceſte fin les Academies ont eſté inſtituées, auſquelles les honneurs ſont deferez aux plus diligents & laborieux) il eſt grandement probable de conclurre pour la negatiue, puiſque ces gens n'ont & ne demeurent en aucune Academie ny Eſchole priuilegiée.

8. Et à propos de ces Academies, on peut encore defendre la negatiue, en ce que ſi ces freres ſont pluſieurs en nombre, en effect ils ſeroient tenus d'eſtudier enſemble ce qui eſt de leur profeſſion, aſſiſter à meſmes leçons & lire de meſmes liures. D'ou s'enſuiuroit, que facilement on pourroit obſeruer quels ſeroient ces liures dont ils vſeroient, principalement pour la rareté d'iceux. Car il eſt ſans doute qu'il faut qu'ils vſent de liures qui ne ſont par receus ou entendus en tous lieux. Et au contraire, depuis le temps qu'on parle de ces gens là, ils euſſent mis en lumiere quelques eſcrits ſinguliers & d'eſlite par leſquels on eut peu cognoiſtre la viuacité de leurs eſprits, & en fuſt venu quelque profit à ceux qui les euſſent appris. Ce que n'ayant eſté faict on

peut vray-femblablement conclurre pour la
negatiue.

L'opinion affirmatiue.

MAis auffi on peut r'apporter plufieurs
raifons pour l'affirmatiue: & ne fera
point perdre le temps d'en confiderer quelques vnes.

1. Et premierement le bruit qui court d'eux
en rend tefmoignage:auquel encores qu'il ne
faille pas adioufter tant de foy que les plus
fimples fe perfuadent, toutesfois par iceluy
peut on coniecturer qu'ils prennent quelque
plaifir à l'eftude. Car, felon le dire du Philo-
fophe,qui eft celuy en ce monde qui ne fe de-
lecte à fçauoir quelque chofe?

2. En apres il fe trouue des efcrits de ceux,
qui apres auoir appris quelque chofe en ont
voulu acquerir la perfection, & fe font pro-
pofé ce but, qu'aux langues Hebraïque,Chal-
daique,Syriaque, Arabique,&c. En la langue
Latine, Italique, Efpagnole, Françoife, &c.
Efclauonne, Alemande, Flamande, &c. ou
compofaft des Grammaires, Dictionaires
Gramaticaux & Alphabetaires,Nomenclatu-
res des chofes,Colloques &c. par vne bonne
harmonie & fymmetrie. Puis ayant acheué

en ieu ceux qu'ils penſent eſtre les plus ſçauãs d'entr'eux, comme il s'eſt practiqué aucunes fois pendant les voyages de nobles perſonnes I. B. & H. G. K. auec leur Precepteur, & pluſieurs autres.

5.   Qu'ils prennent plaiſir à l'eſtude , non ſeulement on le peut recueillir de ce qu'auec tant d'artifice ils ſçauent tranſpoſer , voire meſme changer leurs noms, s'ils eſcriuent les vns aux autres : mais auſſi de ce qu'ils attirent à eux les doctes hõmes de toutes parts qu'ils peuuent : comme depuis nagueres ils ont attiré vn certain homme de l'Eſchole de H. ſous quelque pretexte : lequel toutesfois reſpondant à vne lettre qu'on luy auoit eſcrite, expreſſement a mandé qu'en ceſte eſpece d'hommes il luy ſembloit que ce n'eſtoit que les affaires des Anabaptiſtes.

6.   D'ailleurs qu'ils ſoient gens lettrez, il ſe peut verifier en ce que ceux qui en leurs quartiers ont la commodité d'apprendre, ne la negligent pas entierement , ſi nous en conſiderons l'exemple, auquel vn quidam lequel ſous pretexte de vouloir apprendre, eſt venu à B. M. pardeuers quelques gens doctes en l'Vniuerſité, & preſent à conferé auec des Theologiens, des Iuriſconſultes & autres perſonnes qui auoient grande cognoiſſance des lãgues.

Bien plus : car il a entretenu H. T. & autres à ſes frais & deſpens à ceſte fin & intention de luy enuoyer quelque leçons eſcrites de mot à mot pour s'informer & s'inſtruire.

7. Dauantage, on pourra preſumer qu'ils eſtudient, ſi l'on conſidere qu'ils viennent ſouz pretexte d'apprendre, comme celuy lequel eſtant acertené de quelques eſtudes, aſſeura que le Magiſtrat promettoit vn grand & ample ſalaire : meſme pour le faire attendre, luy donna pour ſes fraiz & deſpens, vne ſomme d'argent au nom du Magiſtrat. En apres il luy dict que le magiſtrat auoit dilayé l'effect de ſes promeſſes pour quelque temps, adiouſtāt que cependant on luy donneroit ce qui luy eſtoit neceſſaire pour viure honneſtement. Partant qu'il ne falloit pas tant preſſer pour auoir ce qui luy eſtoit promis, & qu'il eſtoit plus à propos d'attendre que les Superieurs s'en raſſouuiſſent d'eux meſmes.

Bref, quand il eut recognu que cet homme eſtranger y eſtoit tellement enueloppé, qu'il ne s'en pouuoit pas aller librement, l'ayant aſſeuré de la part du Magiſtrat lequel il voyoit ſouuent, dict qu'il auoit traicté de tout cela, que la promeſſe de ces amples gages eſtoit aſſeurée, & ſe conſtituoit reſpondant iuſques à mille ; que tout luy ſuccederoit ainſi qu'il le

pouuoit defirer & comme il luy auoit promis, comme de ce il appert par quelques efcrits : en forte qu'il eſt demeuré en doute
comment le tout fe feroit paſſé.

Declaration de l'opinion negatiue.

QVe fi l'on efpluche diligemment ce
qui a eſté mis en auant pour l'opinion
negatiue, il femble qu'il y a refponfe fuffifante
à aucunes chofes par celuy qui adhere au
bruit qui en court. Et premierement à ce qui
concerne leurs voyages & peregrinations, ils
difent qu'elles doiuent eſtre moderees : & à
ce regard non feulement ils n'empefchent
point les eſtudes, principalement celles qui
gifent en practique, mais ils y profitent beaucoup : d'autant qu'en voyageant, nous voyons
de nos yeux toutes les chofes prefentes que
nous auions feulement leuës auparauant : en
voyageant les langues s'apprennent, &c. Et
quant à ce qu'on dict qu'ils font diftraicts par
le foin & curiofité des affaires d'autruy, ils
difent, que cela ce doit entendre auec la moderation deffufdicte. Et croyent que c'eſt ce
que le Poëte a voulu dire :

Fœlix quem faciunt aliena pericula cautum.
Auec plufieurs autres chofes femblables qui
fe

ſe peuuent rapporter à ce propos.

Pour le regard du troiſieſme poinct qu'on allegue pour l'opinion negatiue, qu'ils ne ſe trauaillent pas beaucoup apres les ſciences, ils la nient tout à plat. Au contraire, comme il a eſté touché cy-deuant, s'ils n'auoiēt point de propre eſchole, ils ſe font forts s'il ſe preſente vne commodité ailleurs, & d'eſtudier, & de pouuoir conferer auec les plus ſçauans.

Auec la moderation & diſtinction telle qu'elle a eſté recitee cy-deſſus, ils veulent qu'on entende auſſi ce qui leur a eſté objecté pour le quatrieſme poinct, comme s'ils abbayoient apres les richeſſes. Car perſonne ne voudroit nier que meſmes és choſes qui ſont au plus bas degré, l'imbecilité humaine s'y porte auec diuerſes affections.

Ce qu'on rapporte pour la cinquieſme obiection, eſt plus grand & plus fort, à ſçauoir, qu'ils parlent obſcurément: laquelle obſcurité eſt vne marque de leur ignorance, ou de leur enuie. A laquelle raiſon ils reſpondent, s'ils veulent, conjointement, apres en auoir bien peſé l'affaire. Cependant, iuſques auiourd'huy leur excuſe a eſté, que de parler plus clairement,

C

ce feroit côtre leurs principes, & que d'ailleurs ils fe craignent des Catholiques. En
apres, quant à ce qui eft de la fixiefme rai-
fon, à fçauoir, que defirans fçauoir toutes
chofes, en effect il n'appert point qu'ils fça-
chent rien : on dict qu'ils refpondent que
defirans eftre parfaicts en vne chofe, ils ne
veulent aux autres fçauoir que leurs ma-
ximes generales , afin que fur la propofition d'vne queftion, fur les raifons appor-
tees de part & d'autre, ils en puiffent d'autant plus facilement iuger. Cette excufe
pourroit engendrer du fcrupule à quelques vns : combien qu'il y en ait qui s'ima-
ginent de pouuoir acquerir la perfection
en toutes chofes.

Pour venir au feptiefme poinct, qu'on
dict qu'entr' eux il n'y a point de récompenfe propofee à ceux qui eftudient : ils
refpondent, que fi les falaires ne font tels
entr'eux, qu'aux autres efcholes il ne s'enfuit pas qu'il n'y en ait point du tout. Mais
bien dauantage , ils fouftiennent qu'ils
peuuent meriter , & obtenir les récom-
penfes qui font promifes aux autres Vni-
uerfitez; ce qu'ils difent pour plus aifé-
ment attirer les plus fimples à leur fecte.
Bref, pour le regard des liures d'vne for-

me & particuliers , ils afferment qu'on les
peut auoir felon la diuerfité des lieux où
ils font. Ioinct qu'ils affeurent n'auoir pas
beaucoup affaire des liures imprimez,
par ce qu'ils vfent de leurs Epitomes & abbregez : & que d'ailleurs ce font eux qui
doiuent reformer tous les arts & fciences:
& ce, eu égard à la diuerfité d'icelles, comme nous verrons cy-apres.

ADVERTISSEMENT.

SI nous examinons de pres tout ce que
deffus, comme def-ja il a a efté examiné par plufieurs fçauans hommes, qui ont
auffi eftimé que toute cette affaire fe rapporte à la fecte des Anabaptiftes, tout re-
uient à ce poinct , que ceux là veritable-
ment en font , qui fe font donnez vn tel
bruit. Or par ce qui enfuit on pourra voir
quelles gens ce font. Et certainement il
peut aduenir icy, ce qu'autres-fois eft arriué au Monaftere de K. où vne fille de noble maifon A. H. auoit contracté amitié
auec vn certain homme, foubs efperance
qu'elle auoit de l'efpoufer. Doncques, afin
de communiquer leur affection l'vn à l'autre, par vne commune intelligence ils fe

forgerent vn chiffre de lettres & figures incogneuës , duquels ils vserent aux lettres & missiues qu'ils s'entrescriuoient. Mais vn certain iour il aduint que telles lettres furent renduës à vne , à laquelle elles ne s'addressoient pas : ainsi elles coururent de main en main par tout le Monastere , & chacune confessoit ne cognoistre rien à telle maniere d'escrire, & dénioyent qu'elles s'addressassent à elles : entre autres principalement celles à qui elles estoient addressantes , qui en faisoit l'estonnee (apres toutes-fois les auoir leües) & les rendit auec grande admiration, d'vne telle façon d'escrire. De mesme, quand semblables lettres sont presentees à ces compagnons , ils s'enquierent premierement de la personne qui l'apporte , quelle elle est, d'où elle vient , si c'est de la part de quelqu'vn de leurs compagnons , & de quelle Religion il est. Que s'ils entrent en quelque deffiance , ils ne reçoiuent point les lettres , ou du moins ils desguisent les matieres, comme si c'estoit chose qui concernast d'autres personnes qu'eux, pour tousjours descouurir s'il n'y a rien de caché là dessous , & puis apres auoir leu les lettres il les rendent. Et neantmoins ils ont accou-

ſtumé de faire quelque gratieuſeté au
porteur des lettres, ſoit qu'ils les reçoiuẽt
ou non : afin que par ce moyen on parle
bien d'eux, encores qu'ils n'aduoüẽt point
eſtre ce qu'ils ſont. Car ils ſçauent bien, &
l'experience journaliere fait aſſez cognoiſtre que les enfans meſmes eſtiment
vn ſouuerain bien que d'auoir de l'argent.

Il ne faut pas obmettre vne choſe qui
aduient ſouuent, & qui depuis quelques
annees meſmes eſt aduenuë en la ville de
Franc-fort en cas ſemblable, d'où eſt venu
le prouerbe d'vn monſtre & choſe eſmer-
ueillable, telle qu'on n'a iamais auparauant rien veu de pareil: Quelqu'vn a-il veu
le Cancre ? Tous ceux qui auoient jà eſté
trompez demeurans muets.

Quant aux ſciences & arts liberaux, qui
eſt l'homme qui luy ſeul ſoit iamais venu
à bout de toutes choſes ? L'imbecillité des
hommes n'a iamais peu atteindre à cette
perfection. Qui eſt celuy qui ſans confu-
ſion ait oncques peu parler la langue Latine, Italienne, Eſpagnole & Françoiſe ?
Car de là vient que pluſieurs Italiens &
François (ils me pardonneront s'il leur
plaiſt) parlent fort-mal Latin, car ils y meſ-

lent toufiours des termes de leur langue
maternelle, à caufe de l'affinité qui eft entr'elles. De là vient auffi que nos Diction-
naires croiffent & s'augmentent tous les
iours par la multitude des dictions eftran-
geres que l'on y adioufte. Et lifez ce qu'aura efcrit le plus fçauãt homme, il ne fe peut
faire que vous n'y trouuiez toufiours
quelque mot de fon pays entremeflé. Car
la memoire eft labile, & ne fçauroit rete-
nir toutes chofes auec leurs differences.
Et puis la langue Latine de foy eft telle,
que pour parler auec elegance, il y faut
employer maintes annees. En l'Vniuerfité
de M. VV. M. difoit vn iour, entre autres
chofes, qu'il plaignoit la condition d'vn
homme qui parloit elegamment Latin, &
en ftille de Ciceron. Et eftant enquis pourquoy il difoit cela ? Il fit refponce, Que
c'eftoit vn figne qu'il n'auoit iamais appris
autre chofe en toute fa vie que langue Latine. Il s'en trouue quelques-vns qui font
affez prompts à parler diuers langages:
mais ceux qui en ont l'artifice, fi vous leur
en demandez leur aduis, ne font point profeffion, ou du moins s'ils ont quelque eru-
dition plus folide, ne traictent rien autre
chofe que les langues, en forte qu'en tout

le reste ils ne sçauent rien du tout, ou n'en
ont que la superficie : sans dire qu'auec le
temps, & par faute d'exercice journalier,
& la memoire venãt à leur diminuer, beaucoup de choses se perdent, ou tombent en
confusion. Dites-moy, ie vous prie, qui est
l'Allemand qui puisse si parfaictement de-
uiser auec ses voisins, que souuentes-fois
il ne repete vne mesme chose, & die les
mesmes mots, s'il ne veut vser de circunlo-
quutions? Car l'exercice de la langue consiste principalement en ce poinct, qu'aussi-
tost que quelqu'vn a mis fin à son dire, les
paroles, comme vn coup de harquebuze,
entrent dans les oreilles de celuy qui es-
coute, & sont de luy entenduës : autrement
on recognoist aussi-tost qu'il y a quelque
defaut. Nous parlons maintenant des peu-
ples, qui nous sont voisins, & non pas des
nations esloignees. Car que penseriez-
vous qu'il aduint si vous commettiez ensemble vn qui seroit du pays de Suisse, de
Vestphalie, de Suaue, &c. Si donc il est
ainsi en la langue maternelle, n'en iuge-
rez-vous pas de mesme aux autres langues? Laquelle perfection, & pour dire
qu'vn homme les puisse toutes égallement
bien entendre (c'est à dire, en quoy consi-

ſte l'art & l'vſage de la langue , pour dire à ce regard, qu'il faut parler auec pluſieurs & ſe reſoudre auec peu) il n'y a perſonne qui ſe puiſſe vanter de l'auoir obtenu. Seneque diſoit , qu'il faut apprendre les choſes neceſſaires & profitables , non tant pour en deuenir plus docte, que pour eſtre plus homme de bien. Or on ne faict point de doute qu'auiourd'huy les ſciences ſe peuuent plus ſuccinctement enſeigner & apprendre , qu'elles ne faiſoient par cy-deuant ; de maniere qu'vn bon Philoſophe & diſputeur, qui aura eſté bien inſtruict par des abbregez & epitomes , peut dans trois mois profiter en telle ſorte, qu'il peut monſtrer auec loüange , ſelon le temps d'auiourd'huy, vn eſchantillon de ſon ſçauoir, & neantmoins pour cela ne peut il encore aucunement eſtre appellé parfaict. Car y a il rien plus triuial que ce Verſet.

Solus & artifices qui facit, vſus erit.

Que ſi l'on dict cela d'vn homme qui ſe meſle de diſputer, & qui eſt de bon aage, que dira-on des enfans, leſquels bien qu'ils puiſſent eſtre inſtruicts en peu de temps, pour aucunement paroiſtre en quelque ſciéce, encor deſire-t'on l'exercice en eux, lequel s'il eſt intermis, en bref tout ce qui

faiſoit

faiſoit monſtre auparauant, s'eſuanoüit.
Le meſme peut on dire du fromét, lequel
eſtant jetté en terre, dõne belle eſperance,
ſi peu apres on le void reuerdir. Mais encores n'eſt-ce pas aſſez, car il nous faut
attendre le cours de Nature, & le temps
auquel les fruicts deuiennent en maturité.
Autrement & ſans cela, & que le grain
manque de ce qui luy eſt neceſſaire, ou ſi
on faiſoit paiſtre les bleds verds, nous n'au-
rions que faire d'attendre la moiſſon. Il y a
bien plus, car vn ieune homme pourroit
bien apprendre le meſtier du Paſticier ou
Boulenger, lequel s'il a encor les bras foibles, ſera contrainct d'attendre iuſques à
ce qu'il ſoit plus fort & robuſte pour exer-
cer ce meſtier.

Toutes-fois nous ne diſons pas cela par
meſpris de la voye plus courte & abbregee
d'apprendre les ſciences compendieuſe-
ment & par epitomes, mais afin que nul
ne ſe glorifie, comme s'il pouuoit dans vn
temps fort brief, atteindre la perfection en-
tiere des bonnes lettres. Les Epitomes ſont
bons, mais tous ſeuls ils n'y peuuent ſuffi-
re. En apres, il eſt auſſi requis qu'vne ſeule
& meſme choſe ſoit traictee vne fois, afin
que par ce moyen les forces de l'eſprit &

du iugement foient vnies · puis cela eſtant
appris & bien cogneu, on paſſe aux autres
par vn ordre ſucceſſif : auec cette regle
neantmoins, que l'on s'addonne principalement à vne ſeule eſtude. Par ainſi, ce ne
ſera pas choſe impoſſible que quelqu'vn
excelle par-deſſus les autres en quelque
ſciéce, & tout enſemble qu'il ſçache quelque choſe generalement aux autres, & ait
cognoiſſance des preceptes generaux de
quelques langues, meſme qu'il les puiſſe
entendre en partie, deſorte que, ſi on en
demande l'artifice, il ſe puiſſe honneſtement excuſer. Er cet aduertiſſement ſuffi-
ſe pour ce qui eſt des ſciences liberales en
general : à quoy on pourra joindre ce que
nous dirons incontinent apres.

II. *De leurs Richeſſes.*

L'opinon negatiue.

ON pourroit nyer aucunement qu'ils
ſoient riches, parce que (comme il a
eſté dict cy-deſſus) ils viennent ſans eſtre
cogneus : & la preſumprion eſt, qu'ils le
font par eſpargne, & pour diminuer leurs
fraiz. Car ils vont & viennent çà & là com-

me gens incogneus: Ils vont conferer auec les gens doctes, sans se dōner à cognoistre: là où s'ils estoient recogneus pour gens riches & accommodez : ils seroient mieux traictez és hostelleries, & plus honneste-ment receus par ceux qui font profession des lettres, comme gens qui sont vrais Philosophes & Orfevres.

2. De cela on peut tirer l'opinion negatiue, que iusques à present ils n'ont mis en lumiere aucun liure de leur science, religion, ny de leurs beaux faicts, veu toutesfois que leur desir est grand de promouuoir leur secte. Car si ainsi estoit, plusieurs se proposeroient le gain. Pour éuiter ce danger, ou croyroit qu'ils se cachent en guise de hiboux.

3. On pourroit aussi dire qu'ils font paures, en ce que s'ils estoient tels qu'ils se vantent pour l'art d'Alchimie, ils pourroient enrichir plusieurs Estats de l'Empire, & par le moyen de leurs bien-faicts les obliger à leur manutention contre leurs aduersaires, si aucuns ils en ont, pour n'estre point par eux inquietez ou molestez. Adioustés que la sciéce de laquelle ils font profession, s'estend iusques là, qu'ils se pourroient garantir & obuier à beaucoup

de maux, ſi vous leur attribuez la perfection telle qu'ils veulent. Puis donc que
par ce moyen ils ne s'obligent perſonne, il
eſt croyable que ce manquement vient de
leur pauureté & ignorance.

4. Qu'eſt-il beſoin de plus? Ne ſçait-on
pas bien que l'argent eſt le Roy du monde? Que ſi (dira quelqu'vn) ils promettent
les richeſſes & la ſanté du corps dans l'Alchimie, & la cognoiſſance de toutes choſes à perfection, & peuuent accomplir ce
qu'ils promettent, pourquoy en vn mo-
ment n'executent-ils leur deſſein, comme
ils le deſirent, veu que ſelon le Prouerbe
Grec, La tierce partie du monde eſt à
vendre.

5. Ce qui confirme la negatiue, eſt que
ces Freres n'ont point encores fait preuue
de leurs richeſſes, iuſques là, que les richeſſes eſtans de faict, on ne les doit en façon quelconque preſumer.

6. Sert eucore à ce propos, combien que
R. S. ait eſcrit qu'il enſeignera des moyens
par leſquels on pourra facilement deſpen-
ſor 450. ou 500. florins, & encor en aura-
on de reſte pour ſe reſioüyr: neantmoins
luy-meſme eſt demeuré inſoluable, & ſans
doute il s'eſt trouué deſtitué de l'art &

des moyens defquels il s'eftoit vanté.

Opinion affirmatiue.

AV contraire, on pourroit tirer quelque preuue de leurs richeffes par ces exemples, comme quand ils ont enuoyé quelques-vns de leurs efcrits aux Imprimeurs pour les mettre fur la preffe, ils ont par mefme moyen mis quelques pieces d'or dans leurs lettres, comme chez B. & autres, encores que les coppies qui font de bonne vente non feulement ont de couftume d'eftre imprimees gratuittemēt, mais les Imprimeurs en donnent quelque récompenfe aux Autheurs. Et cela ne fe peut faire fans auoir des richeffes, & de l'or à commandement.

2. Nous en auons des exemples à S. T. & ailleurs, où quelques pauures gens leur ayans porté des lettres, en ont receu des prefens, en forte qu'on peut dire qu'ils s'en font trouuez quelques-vns beaucoup plus liberaux que les autres. D'où l'on peut inferer qu'il n'y a point de pauureté, mais vne grande abondance en eux, mefme quand ils ne reçoiuent point les lettres, fans regarder fi elles s'addreffent à eux ou non. D iij

3. Il faut croire qu'ils font riches, dau-
tant que non feulement ils donnent (comme il a efté dict) mais ils entretiennent certaines perfonnes à leurs defpens aux V-
niuerfitez à certaines fins, entre lefquelles
on peut mettre celuy qui eft chez D. H.

4. On pourra encores fouftenir l'opinion affirmatiue, par ce que tout ainfi que
ce que l'vn fçait, auffi tous les autres le fçauent: auffi ce que l'vn a, eft commun à
tous les autres : tellement qu'il fe remar-
que entre eux vne communion, comme
entre amis. Et il y a tel endroict où l'on a
emprunté douze mille imperiaux, qui ont
efté diftribuez à fecourir les pauures, encores que pour leur pauureté ils n'ayent
peu donner aucun gage ny affeurance: &
que ceux qui les diftribuoyent fceuffent
bien que ceux à qui on les bailloit n'euffent pas moyen de les rendre.

5. Il eft d'ailleurs vray-femblable qu'ils
ont des richeffes, en ce qu'ils ont fait vne
fi grande entreprife, de vouloir reformer
tout ce monde: de laquelle on peut dire ce
qui eft en la guerre, Que l'argent eft le
nœud de toute l'affaire.

QVe ſi l'on vient à examiner ce qui a eſté dict peu auparauant, ceux qui s'attachent à leur renommeé, y pourroient donner quelque ſolution. Car à ce qu'ils viennent ſans ſe faire cognoiſtre, on dict qu'ils le font pour certaine conſideration, afin qu'en preſéce ils puiſſent voir à l'œil, & conſiderer toutes choſes, & afin qu'il ne leur aduienne en leurs voyages s'ils n'e-ſtoient bien aduiſez, & qu'ils vouluſſent s'employer eux-meſmes à experimenter toutes choſes, ce que dict le Prouerbe Allemand. *Il eſt aiſé de promettre, & mal aiſé d'effectuer.*

Et à ce qu'on dict qu'ils ne ſe ſoucient pas d'imprimer des liures, & en diuerſes langues, cela ſemble meriter ſon excuſe. Que ce qui eſt differé n'eſt pas perdu. Et puis en vne affaire de ſi grande importance, il faut deliberer long-temps ce qu'il faur arreſter vne fois. Beaucoup de gens ſe meſlent d'eſcrire, & les boutiques des Libraires ſont remplies de liures. Il y a de la faute de tous coſtez.

Et quant à ce qui regarde l'Alchimie, par le moyen de laquelle ils ſe pourroient

obliger les plus grands Eſtats en bien fai-
ſant. Il faut conſiderer, que ce ſeroit faire
contre les principes de cette ſcience, qui
en defendent la communication: & que
c'eſt la fortune qui la reuele à chaſque indiuidu : en ſorte que ceux qui la reuelent,
eux-meſmes, à cauſe de ce, ſont priuez du
benefice de cet art.

Paſſant au quatrieſme poinct, qui dict
que l'argent eſt le Roy du monde: Il eſt de
meſme poids & valeur que le precedent,
ſinon que outre plus la benediction de
Dieu y eſt requiſe.

Pour le regard du cinquieſme, que les
richeſſes ſont de faict, & qu'il n'y en a
eu point encores de preuue : il faut conſiderer qu'elles doiuent eſtre prouuees
par ceux que toutes les circonſtances de-
clarent eſtre pauures. Que ſi les circonſtances vous preſſent an contraire, comme ſi quelqu'vn marche veſtu de ſoye, &
d'habillements de grand prix, s'il porte
vne chaiſne d'or, ne le preſumerez-vous
pas pluſtoſt eſtre riche que pauure ? Dauantage, ne preſumerez-vous pas ceux-
là eſtre riches, qui ſont vrayement Philoſophes, & qui ont ozé entreprendre
vne grande reformation de tous les arts
&

& ſciences ? Adiouſtez-y les teſmoigna-
ges de ceux qui par eſcrits publics ont
certifié de cet art, que ſeule elle peut
donner autant de richeſſes, que pourroient faire pluſieurs Seigneuries & Prin-
cipautez. dont il y a infinité de liures eſcrits en diuerſes langues.

ADVERTISSEMENT.

Toutes ces choſes pourroient eſtre
miſes en auant, comme probables.
Mais ſi nous y prenons garde de prez, il
aduiendra ce que nous auons cy-deuant rapporté du Cancre. Il y en a eu
pluſieurs liures eſcrits, & auſſi pluſieurs ſeduicts & trompez par iceux, &
en pourroit-on nommer plus d'vne cen-
taine en diuers endroicts du monde, à
S. P. S. H. O. &c. qui tous ont eſté
reduicts à mendicité, & nul d'eux n'a
peu obtenir cet vniuerſel qu'il auoit e-
ſperé. Tout au contraire, il eſt impoſſible qu'vne ſubſtance ſoit conuertie en
vne autre ſubſtance, encore qu'on puiſſe alleguer quelques raiſons, pour rendre vne choſe vray-ſemblable. Car en
cette affaire, les raiſons ny les paroles

n'operent rien, mais la preuue des chofes
& les effeóts y font requis. Car il y a bien
de la difference entre la chaleur naturelle
& l'artificielle, non feulement en l'homme, mais aufli hors l'homme, aux beftes
brutes & aux corps inanimez. Car tout
ainfi que nul ne fçauroit remettre la chaleur naturelle en vn corps mort, par quelque art que ce foit : & que tout ainfi que
ny les raifins, ny aucun arbre ne fçauroient
eftre créez par vne chaleur artificielle, encores que la Nature puiffe en quelque maniere eftre aydee par l'art, autant en eft-il
des autres creatures & autres chofes, dau-
tant que la chaleur naturelle eft bien plus
fubtile que la chaleur artificielle. Et d'ailleurs, on tient que l'art imite la Nature,
mais elle ne la peut pas furmonter : & fi
l'art ne peut atteindre à vne telle perfe-
ótion que faiót la Nature. Confiderez que
les hommes & les beftes brutes font en-
gendrez du fang, & qu'il n'y a fi fubtil ou-
urier qui peuft fubftituer vn autre fãg que
celuy qui eft preparé par certains vaif-
feaux, encores qu'il fuft du mefme corps.
Pourquoy n'en direz-vous pas autant des
chofes inanimees ? Et combien qu'il y en
ait plufieurs qui ont faiót des liures de cet-

ce matiere, ils en ont parlé si obscurément, qu'il leur faudroit pour se faire entendre non pas vn, mais mille Interpretes. De plus, on voit non tant par leur obscurité, que par toutes les circonstances & par effect, qu'ils ont bien autre intention que celle qu'ils ont faict paroistre dés le commencement. Car ils esperent de paruenir en second lieu à la fin à laquelle premierement ils ne sçauroient atteindre : autrement, ny en bonne conscience ils ne sçauroient s'en defendre. On pourroit en alleguer vn exemple d'vn B. M. qui depuis quelques annees appella vn sien amy, & luy persuada de s'en aller ailleurs, luy ayant escrit plusieurs lettres, & particulierement l'ayant pressé & importuné, au moins de venir vers luy, quand bien il ne voudroit accepter les offres qu'on luy faisoit : desorte que l'ayant induict en grandes prosperitez, encores se vantoit-il d'auoit faict grand plaisir à ce N. M. Car ils ne deuoient rien escrire du tout, comme à ce qui a esté dict cy-dessus, s'ils auoient euuie de profiter. Que s'ils sont ignorans ou enuieux, comment pourront-ils nuire aux autres auecques bonne conscience, sinon que dedans la mesme chose ils cher-

chent quelque confcience, par ce qui fera dict cy-apres, en parlant de leur Religion.

Et combien qu'ils repliquent qne leurs
principes font au contraire, felon lefquels
perfonnne ne fçauroit enfeigner à vn autre cette fcience fecrette, comme peut-elle
eftre commune entre tous les Freres, fans
nul excepter? Tout bien eft de foy com-
municatif, & ce feroit vn moyen de contenter vn chacun : & l'or ne feroit mis à fi
haut prix que nous le voyõs auiourd'huy;
mais au contraire, tout ainfi que l'argent
eft plus vil que l'or, & l'or que les vertus,
aifi l'or feroit plus vil que le jafpe, felon
que porte ce verfet.

Auro quid melius? jafpis: quid jafpide? virtus:
Quid virtute? Deus: quid Deitate? nihil.

Toute abondance auec le temps ennuye,
& engẽdre mefpris, & cela pourroit aduenir de l'or, en fortequ'à la fin les autrescho-
fes feroient en plus grande eftime que l'or.
Bref, toute l'affaire femble vifer à ce but
que, nonobftant ce qu'a efcrit ce grand &
noble perfonnage Iean Batzner, il fe trouue vne fontaine en Hongrie, en laquelle les fers des cheuaux prennent la cou-
leur de l'or, encore toutes-fois la perfe-

ction de la Nature eſt plus grande que celle de l'art : excepté que par ce moyen les
fers ne deuiennent pas or.

Bref, cet vniuerſel qu'ils cherchent, il
ne le pourront que tres-difficillement
obtenir , entant que l'homme depuis ſa
cheute , ne peut paruenir à cette perfection , en eſtant empeſché par ſa propre
imbecillité : mais on pourra dire auecque
plus de verité , que les Monnoyeurs, &
ces Hoſtelliers d'Italie & d'autres païs, au-
ront pluſtoſt acquis cet vniuerſel , qui
aucunes-fois nourriſſent de jeunes enfans
en leurs maiſons , qui rançonnent leurs
hoſtes, leſquels ſi Iean Eugelbrecht con-
tinuë d'imiter ſes hoſtes. ***.

Or que ces eſcriuains ayent vne autre
intention, on le peut recueillir de ce que
tous ceux qui principalement s'addon-
nent à cét eſtude , doiuent neceſſairement craindre de tomber dans les pieges
de Satan. Il y a vn D. I. qui d'vne ſeule
emplaſtre s'efforce de guerir pluſieurs
playes. Mais quoy que ce ſoit : & poſé
que tout luy ſuccede heureuſement , ſi
eſt-ce qu'il n'obtiendra pas la meilleure
partie de cét vniuerſel. Que dirons-nous
dauantage? Ils promettent à ceux qui ſont

à leurs gages tout autant qu'ils voudront,
& toutes fois quand ils se mettent à voyager, ils font curieux, de se bien vestir ? &
s'ils ont soing de ceux qui en ont plus
qu'eux, qu'en peut-on inferer ?

III. De leurs Voyages & Peregrinations.

IL est constant par les escrits de ces Freres qu'ils font des voyages, & desia cy-
deuant nous en auons dict quelque chose :
mais on peut demander auec raison, s'ils
le font par plaisir ou par necessité ? il est
vray qu'ils desirent la conuersation auec
les gés doctes, l'exemple de E. V V. B. M. I.
& d'autres en faict foy, non point tant
afin d'apprendre quelque chose d'eux, que
pour les attirer à eux par persuasions &
belles promesses. Car par ceux qui sont
salariez d'eux ils les attrayent, & recueil-
lent les labeurs d'autruy à leurs inten-
tions. Certainement, si l'on y prend garde de pres, ils semblent estre des espions, &
gens curieux, qui se soucient des affaires d'autruy. Autrement, tous ceux qui
voyagent, sont distraicts, & ont soing
de leurs affaires domestiques ; & pour
ce ne peuuent-ils acquerir la perfection,

hy executer ce que peuuent faire les autres , qui plus heureusement ont moyen
de continuer leurs estudes. Mais que dirons-nous de ceux-cy ? Ces compagnons
se vātent d'estre riches, & tres-parfaits aux
langues & sciences , mesmes en voyageant. Que s'ils ont parlé vne ou deux fois
auecques quelqu'vn , feignans vn faux
pretexte, disent qu'ils y ont esté encor vne
autre fois, & si leur vacation le permettoit
ils prendroient vne certaine assignation
dés le commencement. Ils demandent vne
remise, afin de conferer derechef de diuerses choses qui seruent grandemét à la promotion des bonnes lettres, pourueu qu'ils
recognoissent que leur amitié & conuersation ne soit point desagreable: & recipro-
quement promettent qu'ils feront trouuer gens desquels on ne se repentira iamais. Ils disent qu'ils feront donner aux
gens d'estude pleine puissance & liberté
d'enseigner & disputer publiquement &
en priué, combien que l'vn ny l'autre ne
soit en leur puissance. Et en effect ils promettent beaucoup, & tiennent peu : Car
comme dict le Poëte:

Regia, crede mihi, res est promittere multa:
At seruare fidem rusticitatis opus.

C est à dire,

Beaucoup promettre est vn œuure de Roy:
Au seul rustique est de garder sa foy.

Ils se deuoient souuenir du Prouerbe Allemand : *Il est bien aisé de promettre, & mal-aisé d'effectuer.* Et par ainsi ne promettre rien en leurs peregrinations & escrits, que ce qu'ils pourroient garder. Mais toutes ces choses mauuaises ne prouiennent que du desir qu'ils ont de voyager, comme de leur source, qui toute-fois tëd au chef d'vne religion nouuelle, plustost qu'immediatemët des peregrinatiõs. Que direz-vous, qu'ils n'ont autre soucy & ne font rien que chercher des inuentions pour se faire renommer par tout? Mesmes ils entreprennent des voyages exprez à cette fin, encores que quelquesfois ils soient en charges & offices. Que fust-il aduenu si ce Pere eust pris son chemin auec H. I. H. &c. où ils eussent esté quatre en nombre de diuers noms, le moindre desquels eust parlé Latin, Grec, peut estre aussi Italien & François, outre sa langue maternelle, sans toucher à l'Hebraïque ? Lesquels tous eussent parlé d'vne
mesme

mefme bouche. Qu'euſt-ce eſté s'ils fuſſent
venus à Prague, comme c'eſtoit leur deſſein, ou bien en Morauie, où il y à grand
nombre d'Anabaptiſtes.

IV. De leur Religion.

CE poinct eſt grandement douteux: par
ce que le langage perpetuel & ordinaire d'entr'eux, eſt: Que ces choſes ſoient
tenuës ſecrettes, & ne ſoient deſcouuertes à
perſonne, &c. Et tout ainſi que ces perſonnes ont accouſtumé d'aller incogneuës, elles
ne ſe veulent pas faire cognoiſtre: encores
moins veulent-ils faire profeſſion de leur
confeſſion, mais ils mettent leur ſouuerain
bien en leur intention. Et encores que l'on
peut penſer qu'ils ſont Lutheriens, veu que
I. R. & autres, ſe confeſſent eſtre tels, & auſſi
qu'ils communiquent auec eux: toutesfois
perſonne ne le croira, non ſeulement par ce
qu'vne certaine perſonne illuſtre a creu certainement que l'vn d'iceux eſtoit Iuif: mais
auſſi par ce qu'en autres lieux, ſelon les occurrences, ils remettent beaucoup de cét
ardeur, de laquelle ils ſont profeſſion; mais
ſi nous prenons garde au bruict qui court
d'eux, on trouuera qu'ils approchent plus

F

prés de la Religion des Caluiniſtes: car ils ne ſe ſoucient pas beaucoup des ceremonies: & pource ils diſent qu'ils redoutent beaucoup les Catholiques Romains. Il eſt bien vray que ces Compagnons ſont de la diuerſe Religion des Anabaptiſtes, ou Socinians, & maintenant ceux-cy, maintenant ceux-là s'en donnent le bruiĉt, & y en a, combien qu'ils ne ſoient point de leur nombre, toutesfois ſont bien aiſes d'en acquerir la reputation, comme par quelque miracle. Ceux-là ſont les plus ſimples, & ne le font point à mauuaiſe intention. Et ce qui regarde leur Religion peut eſtre prouué par les raiſons ſuiuantes.

OPINION PREMIERE.

1. ILs ſont imitateurs des Anabaptiſtes, en ce que à leur exemples ils courent par tout le monde, & font pluſieurs voyages pour en attirer d'autres à leur opinion. Et comme ils trauaillent fort à ceſte fin, ils ſe rendent teſmoignage à eux-meſmes, qu'ils ont grand ſoin du ſalut, comme dit le prouerbe, *le latin preſent expoſe l'Alemand*: combien que ceſte æmulation tient fort de celle des Phariſiens.

2. Ces freres en leurs peregrinations sont craintifs, ainsi que les Iuifs, & les Anabaptiftes.

3. Ils ne fe foucient pas des ceremonies des Eglifes reformées.

4. Par ce qu'ils fe prefentent plus fouuent auec les Anabaptiftes, & és lieux où viuent les Anabaptiftes, qu'en autres lieux. Et fi en aucun endroit fe verifie le verfet

Nofcitur ex focijs, qui non cognofcitur ex fe. c'eft au faict de la Religion qu'il fe peut verifier.

5. Adjouftez que cy-deuant R. S. donna confeil d'aller en Polongne, & Morauie, vers les freres Anabaptiftes, & leur demander affiftance, lequel chemin luy-mefme par apres voulut entreprendre, encore que celuy auquel il auoit donné ce confeil y refifta.

On peut auffi prouuer qu'ils font Socinians, par ce que ceux-là en font qui ont excité les tumultes & feditions en noftre voifinage O. F. Q.

2. Par ce qu'ils s'eftudient à eftablir des Imprimeries particulieres, à cefte fin (comme on peut recueillir) par ce qu'en plufieurs lieux il n'eft pas permis d'imprimer & publier leurs liures: nous en auons l'exemple d'vn pauure homme M. B. Q.

3. Par ce qu'ils ont vne familiaire conuerſa-
tion auec ceux qui ſont de la ſecte Socinia-
ne, & font ce qu'ils peuuent pour les aduancer, comme depuis n'aguieres il eſt arriué en
nos quarriers de N. B. qui deuoit eſtre pro-
meu en vn certain endroict, non à autre fin,
que pour attirer D. N. auquel il ſeroit aſſocié
à ſon hereſie.

4. On pourroit icy rapporter l'exemple
d'vn ieune homme I. R. lequel eſtant exclus
de la promotion qu'il eſperoit: Ie ſçay, dit-il,
que ie ſuis ſuſpect de la Religion, ayant demeuré quelque temps en ce lieu. Et comme
on luy diſoit, qu'il pouuoit aſſiſter au Tem-
ple, & vſer de la Communion publique: Ie
le fais, dit-il: mais les aduerſaires diſent, que
toutes choſes qui plaiſent aux Socinians leur
ſont loiſibles, & ne font point conſcience
d'vſer ou non vſer de la Communion, D. R.

5. On pourroit encore alleguer; qu'autre-
fois quelques eſtudians s'eſtans aſſemblez en
la maiſon de M. S. pour quelques ſciences
profanes, le bruict courut que leans on en-
ſeignoit vne nouuelle Religion: & ce pluſtoſt pour la conſideration de la maiſon, que
de la perſonne du Docteur, lequel comme
eſtranger, meſme au commencement de
ſon aduenement, perſonne ne cognoiſſoit,

6. Faict à ce propos, qu'vn certain eftu-
diant, & ftipendiaire de celuy que VV. E.
auoit fait fon Chanceller, & premier Con-
feiller, voulut vfer de la facrée Communion
à G. qui efcriuit la mefme chofe à fon maiftre, & luy demanda congé, mais il ne l'a pas
encore obtenu.

7. Adjouftez ce que dit Iefus-Chrift, qu'en-
uiron le temps de fon aduenement il fera
difficile de trouuer la foy. Ce qui peut eftre
entendu de cefte fecte, laquelle s'accorde
auec les Iuifs, Anti-trinitaires, & autres he-
retiques.

Et certainement entant que ces gens ne
font pas tous d'vne forte, il ne faut pas s'e-
ftonner fi on parle & efcrit d'eux en diuerfes
façons, & fouuent auec confufion. Parce
que tant qu'ils viuront fecrettement, & tien-
dront leur deffein caché, on ne fçaura iamais au vray d'où l'vne ou l'autre fecte a pris
sõ nom de la Rozée-Croix, pour fe faire co-
gnoiftre aux hommes. Toutes deux auec le
temps font tombez d'vn mefme accord &
confentement, que c'eft pour aduancer &
promouuoir le negoce de la Religion. Car
s'eftans apperceu que cy-deuant quelques-
vns auoient commencé directement par la
pretenduë reformation de la Religion, &

n'auoient rien fait pour paruenir à leur deffein, comme O.E.VV.L. & plufieurs autres:
ceux - cy maintenant ont pris vn meilleur
confeil, de ne point commencer par la Religion directement, mais par les fciences, la
fanté, & les richeffes. Ainfi occupans les efprits plus apparens, ils efperent qu'il aduiendra que plus facilement ils fe laifferont emporter au fait de la Religion, principalement
quand ils verront, que felon leurs preceptes,
il faut obtenir la cognoiffance de l'Alchimie
par prieres fingulieres. Et d'aillenrs tant plus
vn homme met fon eftude, & les forces de
fon efprit à acquerir des richeffes, d'autant
plus facilement par apres eft-il efmeu au fait
de la Religion.

On peut alleguer l'exemple de G. D. lequel s'employant à l'eftude, deuoit bailler de
l'argent à vn payfan qui auoit apporté du
bois. Il prenoit garde que le payfan s'il con-
tinuoit ainfi à compter de l'argent feroit
trompé, aduertiffant ce payfan en fes pen-
fées. Toutesfois il ne prenoit pas garde qu'il
auoit efté trompé par le payfan, iufques à ce
que fur le foir ayant quitté ces meditations il
fe mit à reuoir fes comptes, & trouua qu'il
luy manquoit beaucoup d'argent. Que fi
l'intention de ceftuy-là eftoit examinee, at-

rendu que def-ja il prefumoit de reduire toutes les langues, & les arts, en abregé, & difoit
encore qu'il auoit bien de plus hauts def-
feins: quelle eftimez-vous que fut fa penfée,
que le deffein de la religion ?

V. Quels compagnons ils ont accouftumé
de choifir.

IL eft certain qu'il y a plufieurs de cefte
fecte que l'on ne croiroit pas, parce qu'ils
fçauent bien diffimuler. Ils refpondent
comme celuy qui deuoit eftre examiné en
l'Vniuerfité de H. ainfi eft leur pur fenti-
ment, encores qu'il n'euft pas fuffifamment
declaré qu'il eftoit de la mefme confeffion.
Cependent ils ont accouftumé de s'affocier
en general ceux qui ont vn cœur de cire, &
prompts à tourner ou bon leur femble, non
tant pour fuiure leur maiftre à l'efgard de
l'Eftat politique, & de leurs eftudes, que
pour la religion, ou pluftoft herefie. En
apres ils ont accouftumé de choifir les plus
beaux efprits, defquels (pour amener vn
femblable) il foit loifible d'efcrire : & par ce
que i'ay du particulier auec H. Ie veux que
folidement & fondamentalement il penfe
auffi ferieufement à s'ayder. Car ces beaux

esprits sçauent que c'est de dissimuler, & s'accommoder au temps. Quoy plus? si ceste Religion ne leur estoit en recommandation, a quel propos feroient-ils des fraiz non necessaires, ceux principalement qui n'ont pas moyen d'y fournir de leurs biens? A quelle fin promettroient-ils au nom du Magistrat tant de promotions, estant puis apres contraints de confesser qu'ils ont fait des fraiz pour le bien public, sans auoir esté poussez ny aydez de personne. Et si ce n'estoit à cause de la Religion, pourquoy par tant de moyens recitez cy-dessus enseigneroient-ils vne chose qui se doit proposer legeremēt, lesquels par apres sont contraints, comme les autres ont esté contraincts, ainsi que cestuy-là, duquel nous venons de parler. Il ne faut donc pas croire ce qu'ils escriuent en autre sens, pour le regard du faict de la Religion, attendu que le tout ne consiste qu'en eschappatoires & arguties, & en la liberté de ceste heresie, à laquelle ils se persuadent que tout est loisible. Car ceux desquels ils ne se veulent pas desfaire, par vne maniere de police, ils les enueloppent dans vn mariage, ou en debtes, &c, lesquels s'ils croyent conseil, ils desrobent; sinon, ils courent fortune, & se mettent en danger. Or ayant traité ces été ces questions, nous viendrons aux deux autres chefs qui restent.

VIII. *D'où ces freres ont pris leur nom.*

TOut ainsi qu'entre les soldats, chaque estendart à ses couleurs particulieres & distinguées des autres, afin que les soldats qui sont escartez soient aduertis sous quelle enseigne ils se doiuent ranger : par mesme raison il est à croire que les compagnons de ceste societé ont leurs enseignes, ausquelles chacun d'eux se retire. Car encores qu'il pourroit sembler que ce nom & ces termes de la Rozée-Croix soit nay casuellement : si est-ce qu'il y à apparence que sous iceluy on y peut entendre quelque chose de particulier. Cependant nous cercherons ce qui se peut dire pour & contre.

L'opinion negatiue.

ET premierement il semble que ce mot est venu fortuitement, non seulement parce qu'entre les Catholiques aux Monasteres, ce mot de *frere* est commun & vulgaire, en sorte qu'en beaucoup de lieux, frere, c'est à dire vn Moyne ; mais aussi par ce

qu'il se trouue plusieurs freres de la Croix,
comme ceux qui sont en la montagne d'O-
rient, à Sainct Georges, & quasi par tous les
endroicts Catholiques, ou bien és lieux où il
y à encor quelque reste de Catholicité.

2. Principalemenr en ce que ces gens-là ont
accoustumé de s'appeller freres, en Polongne, Morauie, & autres lieux, lesquels comme les Anabaptistes habitent ensemble dans
les grands bourgs, de sorte qu'on en peut recueillir que les Anabaptistes font vne grande partie de ceste societé.

3. Parce que ce nom de frere est si cõmun,
que l'on à coustume de le donner à ceux
qui ont vne fois beu les vns aux autres en si-
gne de fraternité.

4. Par ce que ces mots de frere & compa-
gnon, le plus souuent sont pris pour synony-
mes. Or ils ont peu tant plus facilement vser
-de ce titre general, d'autãt que l'affaire qu'ils
ont entrepris est de si grand poix, qu'elle ne
peut estre executée par cestuy-cy, ny par cestuy-là, ny par vn homme seul : mais il faut
necessairement quelle soit traictée par plusieurs conjoinctement : de laquelle on peut
dire à bon droict auec le *Poëte*,

Tanta molis erat, &c.

5. Parce qu'au Baptesme les noms sont im-

posez aux hommes fortuitement : si non
tous-jours, au moins le plus souuent. Car il
aduient ordinairement, que quelqu'vn desire auoir pour compere celuy duquel il igno-
re le nom, ou bien le nom duquel ne luy seroit pas aggreable. A quoy on pourroit rapporter ce verset

Conueniunt rebus nomina sæpe suis.

Souuent, dit le Poëte : ce n'est donc pas
tous-jours. Bref, on peut conjecturer que le
nom de ceste societé est venu casuellement,
de ce que tout ainsi que toutes les choses à
leur commencement sont foibles & debi-
les, ainsi ceste fraternité a esté premieremēt
fort peu de chose, & non pas telle qu'elle est
aujourdhuy. Ainsi que ce nom est venu, non
pas de toute la fraternité, mais peut-estre de
l'vn ou l'autre indiuidu.

L'opinion affirmatiue.

MAis cependant il est plus vray-sem-
blable que la banniere de ces soldats,
ou freres, a esté esleuée par quelque conseil
particulier. Car tout ainsi qu'ils sont craintifs
& lents en la pluspart de leurs affaires, comme escrit B. G. s'accommodans au temps, &
fort dissimulez : aussi est-il croyable que ce

nom a esté inuenté & diuulgué par le confeil de plusieurs, auquel comme leur eftan-
dart, ces foldats efpandus par tout l'Vniuers
fe vinffent ranger.

2. Parce qu'il femble qu'il y à quelque force
& energie attachée à ce nom : d'autant que
le falut nous a efté reftitué auffi parfaictement par la mort de Iefus-Chrift, que nous
l'auions perdu par la cheute de nos premiers
parents. Car c'eft la vraye operation de la reftitution de laquelle aucuns argumentent
ainfi : Si la reftitution eft vn reftabliffement
au premier eftat, auquel on eftoit dés le cõ.
mencemẽt, il s'enfuit que les Chreftiens par
la mort de Iefus-Chrift, font maintenant re-
ftituez en l'eftat d'integrité, auquel ils eftoiẽt
au parauant la cheute fans aucune excep-
tion, pourueu que nous voulions attribuër
cefte efficace au merite de Iefus-Chrift. De
quoy nous parlerons dauantage cy-apres.

3. Parce qu'il y à beaucoup de gens, & pref-
que tous les Nouueaux & plus Ieunes autheurs, lefquels s'ils veulent compofer quelques liures, ils fongent auant toutes chofes
comment ils l'intituleront, & bien fouuent
ils font plus empefchez à former le tiltre
que le corps du liure : tefmoin celuy qui depuis quelques années a publié vn efcrit fous

le nom de la fraternité.

4. Que ce nom ait esté imposé par vn conseil singulier, vn homme assez graue & honorable l'a assez demonstré en l'an 1612. lequel on croit s'estre enroollé en ceste societé, L. M.

ADVERTISSEMENT.

ENtant que ce ne sont point gens de mesme sorte qui concurrent icy, mais que tantost les vns, tantost les autres, s'attribuënt ce nom, outre ceux qui plustost par simplicité qu'autrement, prennent ce nom qui leur aggrée: Il faut faire difference entre ceux qui attribuënt quelque chose au merite de Christ, & ceux qui rejettent tout le merite de Christ, voire le Christ mesme. Car à cause de la diuersité, il faut expliquer le tiltre, & le terme, à sçauoir ceux qui encore aucunement recognoissent Christ, pressent ceste restitution en entier, par laquelle ils disent qu'ils sont transmis en ce premier estat de perfection, & que par ce moyen ils peuuent faire toutes les mesmes choses que nos premiers parens, & qu'ils ne pechent point: mais ils ne prennent pas garde, que ceste restitution est plus considerée selon son effet:

& qu'encores que la playe soit guarie, il demeure tousiours quelque chose de la cicatri-
ce. Or afin que plus facilement, ils puissent
obtenir ceste perfection, ils rejettent toutes
les autres religions, disans qu'il n'en faut ap-
prouuer aucune, *il n'y à aucune Religion.*

A sçauoir, que par ce moyen ils ostent de
deuant les yeux des plus simples, la regle selon laquelle ils debuoient en partie viure, &
examiner les sciences, eux qui comme ho-
stes incognus, ne sçauroient par leur propre
art trouuer vn chemin dans l'espesseur des
forests. On ne veut pas pourtant estre icy
tant exact, comme si necessairement par
tout, & en tous poincts, il falloit adherer aux
Caluinistes, qu'on appelle, ou mesmes aux
Lutheriens, &c. dont ceux-cy font distin-
ction entre les premiers & derniers escrits,
mais plusieurs de ceux-là s'accordent auec
les Catholiques, & les Lutheriens, en l'article de la predestination. Mais la fin est, que
pour le moins generalement chacun doit
estre contrainct d'embrasser quelque Religion permise dans l'Empire Romain, s'il ne
veut estre reputé autheur de nouuelle heresie, comme les exemples en sont notoires.
Quant aux autres qui insistent sur ce qui a
esté dit maintenant, mais rejettent Christ, &

se monstrent eux comme s'ils estoient des Christs, & des hommes tres-iustes, il n'y a personne qui n'ait obserué que ce nom reçoit vne autre interpretation, en sorte que de là on peut aucunement iuger qui ont esté les premiers autheurs de ce nom, combien que par leurs affirmations, negations, & dissimulations, ils impliquent tellement la chose, que tous ceux-là mesmes qui se disent les Peres de la societé, ne s'en puissent desuelopper, estimans que la chose est de si peu de consideration, si toutesfois ils parlent plus modestement. Doncques il faut obseruer sur toutes choses de tous ces freres de la Rozée-Croix, que tous tant qu'ils sont insistent sur la cause de la Religion, en quelque façon que ce soit qu'ils proposent leur affaire, soit que du commencement ils fassent mention de la Religion, ou non, commençans par le traicté des arts liberaux, des langues, de la Medecine, &c. Car en la Medecine ils ne s'arrestent pas tant à la santé du corps, qu'aux richesses qui en prouiennent: qui est la cause qu'ils conferent plus volontiers de la Medecine, & en font plus d'estat que de la science du Droict. Et ce qu'ils s'estudient plus à exceller en la Medecine par dessus les autres, c'est qu'ils se persuadent que par le moyen d'icelle ils s'obligeront les plus honeftes gẽs, & de condition plus releuée, pour la fanté du corps, & defir du gain : Ils mefprifent le Droict, & ces eftudes de Philofophie, qui hors l'art de Grammaire, ne font pas pour ceux qui commencent.

Il faut donc conclurre (puis que, n'en defplaife à ceux qui en font entachez, il faut dire la verité) que ces gens font fectaires, qui croyent, & prefument, que deuant la fin du monde il y aura vn eftabliffement d'vne certaine Religion generale, contre la lettre expreffe des S. Efcritures, & que ce feront les Anabaptiftes, ou Socinians, s'y laiffans emporter à leurs fonges, & propres imaginations. Depuis n'aguieres ils s'en font trouuez quelques-vns qui ont voulu confondre les Religions, defquels les noms font affez cognus : lefquels interrogez comment cela (par exemple) en l'article de la fainéte Cene, fe pourroit faire ; Ils ont refpondu qu'il faut fimplement s'arrefter aux mots, & rejetter entierement toutes interpretations. En effect, ils ont voulu que les parolles generallement demeuraffent, encores que pas vn d'entr'eux n'euft l'intelligence de ce que cela fignifie. Cela eft du fainct Siecle, fur quoy infiftant ces nouices. Mais attendu que c'eft

matiere

matiere de Theologie, à bon droict nous
en lairrons l'explication, & decision, aux
Theologiens. Il doit suffire qu'eu esgard
au temps, nous en auons proposé en general ce qui peut seruir au but auquel
nous tendons.

IV. Bref, à quelle fin ils ont espandu leur renommée.

IL pourroit sembler que ce bruict a
esté espars contre, ou tout du moins
outre la volonté des associez, ou ceux
ausquéls ils ont faict du bien. Tout ainsi
qu'en cas semblable, ceux qui autrement
sont en quelque mediocre fortune, ne
peuuent rien faire plus à propos, ny qui
leur soit plus vtile, que de receuoir quelquesfois en leurs maisons des gents pauures, & necessiteux, ausquels ils feront du
bien, & leur feront monstre de quelque
argent, ou ornemens. Car ceux-là ne sça-
chans que c'est des richesses, incontinent
ils publient le tout, & en adjoustent dix
fois autant en leurs relations. Ce qu'ayant
esté practiqué enuers vn pauure homme
noble L. auquel on mit en main cent imperiaux, & quelques pieces d'or renfer-

mées dans ses hardes, il iura que c'estoit
tout or : iugeant au poix que c'estoit or,
& non pas argent. Le mesme practique-
rent A. I. V. & autres, qui de leur viuant
eurent la reputation d'estre tres-riches,
& apres leur mort furent trouuez estre
tres-pauures. Nous examinerons donc
les raisons, si c'est pas cas d'aduenture
que ceste renommée a esté espanduë, ou
bien si c'est par conseil, & de propos deliberé par ceux qui ont interest en ceste
publication.

L'opinion negatiue.

Et pour le cas fortuit.

1. ON poutroit bien dire que c'est
par cas fortuit que ce bruit s'est
respandu, en ce que ses freres par leurs escrits se plaignent de la crainte qu'ils ont
des Catholiques, & que c'est le subject
pour lequel iusques à present ils ont vsé
de retenuë. Or ceux qui se veulent tenir
cachez ne desirent pas faire parler d'eux,
mais ils aymeroient beaucoup mieux
que leur personne, ny leur renommée,
ne fut point diuulguée.

2. Aux grandes & importantes affaires,

l'ordinaire eſt de deliberer longuement,
& puis executer meurement. Delibere
premierement (dit quelqu'vn) & apres
que tu auras deliberé, fay tõ affaire meurement. Puis donc que l'affaire laquelle
ces gens ont entrepris eſt de ſi grand
poix, il y à apparence que pour l'importance ils y ont bien penſé, & qu'ils n'ont
pas ſouffert qu'elle ait eſté diuulguée,
mais pluſtoſt que ce qui a eſté fait a eſté
contre leur attente.

3. Peut auſſi ſeruir pour l'opinion negatiue, qu'ayans entrepris de reformer la
Religion, il n'eſt pas à croire qu'ils ayent
deſiré que leur renommée ait eſté reſ-
panduë, iuſques à ce qu'auec le temps ils
entreprennent ceſte affaire à bon eſcient.
Et ainſi en ont vſé ceux qui ont fait profeſſion de reformer les autres, en ſorte
que comme aux autres choſes, ils ſe mõ-
ſtrent lents & tardifs, de meſme auſſi
n'ont-ils pas voulu ſe haſter de faire ſçauoir quelles gens ils ſont.

1. QVe par vn certain conseil & propos deliberé, leur renommée ait esté espanduë, il le faut croire, par ce que les autheurs qui sont craintifs, comme les Anabaptistes, & les Iuifs, ont estimé qu'il estoit fort à propos de publier leur renommée, non seulement pour l'Alchimie, & pour la santé du corps, par certains remedes secrets, qui seroient fort biens receus, & par les gens de basse conditions, & par ceux qui tiennent les lieux & charges plus releuées. Auquel cas ces autheurs timides pourroient aller çà & là, & descouurir ce qu'on diroit d'eux, & quelle foy on adjousteroit à leurs parolles & promesses, à sçauoir eux-mesmes parlans de leur renommée, sans se donner à cognoistre. Car premierement ils ont voulu gaigner les bonnes graces d'aucuns, auant que de se manifester en public. Et combien qu'ils ne soient pas tels qu'ils se vantent : toutesfois ils peuuent plus facilement venir à bout de leurs affaires, en practiquant la faueur de quel-

ques-vns. Quelquesfois les Imprimeurs
font curieux de faire inferer le tiltre de
leurs liures au Catalogue de la foire, affin
d'apprendre s'il y aura quelques-vns qui
foient curieux de l'achepter. Par ce moyen s'ils defcouurent que le liure fera de
bonne vente, ils font plus hardis à en entreprendre l'impreffion. Ainfi ces gens
veulent efprouuer les efprits des hommes. Et apres qu'ils ont mis en auãt quelque propofition, de laquelle, toutes chofes pareilles, il n'y à point lieu de douter,
& qui leur eft mefme aggreable, alors ils
commencent à trauailler viuement à s'a-
quitter, du moins en quelque partie, de
leurs promeffes. Et à cefte intention ils
fe feruiroient volontiers du trauail des
hommes doctes, s'ils en pouuoient che-
uir à leur difcretion. Cependant deçà &
delà ils grapillent tout ce qu'ils peuuent
par le moyen de leurs difciples, & gens
qu'ils ont à gages: mais la fin couronnera
l'œuure. Et pourquoy tant infifter fur ce
poinct de vouloir efclaircir, fi c'eft par
certain confeil que cefte affaire eft pu-
bliée & diuulguée, puis qu'il y en à qui
par leurs efcrits ont affermé que ces freres font tels? Les plus fçauants ont creu

que c'eſt le joüet du monde. Ils euſſent
peu ſe contenter de ceſte opinion , &
quaſi s'en eſ-jouyr en leur ſein, s'ils n'euſſent point deſiré que leur renommée
euſt eſté eſpanduë, & s'ils euſſent redou-
té les Catholiques. Mais il en va tout autrement, veu meſmes qu'ils ont accouſtumé d'enuoyer de l'argent aux Imprimeries pour faire imprimer leurs eſcrits,
& diuulguer leur renommée.

Voila donc ce qui m'a ſemblé bon eſcrire de ceſte ſocieté, pour l'vtilité publique, me taiſant de pluſieurs choſes qui
reſtent, tant des eſcripts, que des teſmoi-
gnages viuans : & ce, affin que les plus
ſimples ſe donnent garde de telles gens,
qui s'efforcent de confondre les Religions, & d'introduire nouuelles hereſies.

F I N.